깜짝! 시리즈

깜짝! 야호 **11** 전쟁 무기 편

게리 베일리 글 | 스티브 보울터 그림 | 유영제 감수 | 신유선 옮김

초판 1쇄 발행 2007년 10월 10일

펴낸이 양원석 | 편집장 신수경 | 편집 전혜원, 박경선, 김지은 | 디자인 정수영
펴낸곳 랜덤하우스코리아(주) | 주소 서울시 강남구 삼성동 159번지 오크우드호텔 별관 B2(우135-525)
편집 문의 02) 3466-8906 | 구입 문의 02) 3466-8955
등록번호 제 2-3726호(2004년 1월 15일 등록) | 홈페이지 주소 www.randombooks.co.kr
ISBN 978-89-255-0920-4 74500
　　　978-89-255-0909-9 74500 (세트)

CRAFTY INVENTION : WEAPONS OF WAR
Copyright ⓒ 2003 by Allegra Publishing Limited
All rights reserved.
Korean copyright ⓒ 2007 by Random House Korea, Inc.
This Korean copyrights arranged with Allegra Publishing Limited through EYA(Eric Yang Agency), Seoul.

이 책의 한국어판 저작권은 EYA 에이전시를 통한 Allegra Publishing Limited와의 독점 계약으로
랜덤하우스코리아(주)에서 소유합니다. 신 저작권법에 의해 한국 내에서 보호를 받는
저작물이므로 무단 전재와 무단 복제를 금합니다.

* 값은 뒤표지에 있습니다.

게리 베일리 글 | 스티브 보울터 그림 | 유영제 감수 | 신유선 옮김

주니어랜덤

차례

추천의 글 · · · · · 4

칼과 금속 · · · · · 8
어떤 무기를 사용할 수 있을까?

활과 탄성률 · · · · · 16
어떻게 하면 더 좋은 활을 만들 수 있을까?

갑옷과 강철 · · · · · 24
어떻게 하면 전쟁터에서 몸을 보호할 수 있을까?

총과 회전운동 · · · · · 32
어떻게 하면 정확하게 쏠 수 있을까?

기관총과 발화 장치 · · · · · 40
어떻게 하면 총을 자동으로 쏠 수 있을까?

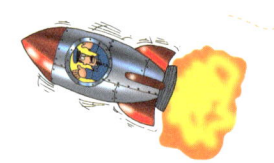

폭탄과 수류탄 ····· 48
어떻게 하면 대폭발을 일으킬 수 있을까?

전차와 탄도학 ····· 56
어떻게 하면 무거운 무기를 옮길 수 있을까?

어뢰와 운동 법칙 ····· 64
어떻게 하면 배를 가라앉힐 수 있을까?

유도미사일과 레이더 ····· 72
어떻게 하면 미사일을 조종할 수 있을까?

핵폭탄과 핵분열 ····· 80
어떻게 하면 전쟁을 끝낼 수 있을까?

용어 사전 ····· 88

추천의 글
이 책을 읽는 어린이에게

이인식 (과학문화연구소 소장)

미국의 발명왕 토머스 에디슨은 성공적인 발명을 위해서는 1퍼센트의 영감과 99퍼센트의 땀이 필요하다고 말했습니다. 천재들을 연구한 과학자들은 에디슨이 남긴 이 명언이 결코 과장된 말이 아님을 밝혀냈어요.

2006년, 과학자들은 작곡가 모차르트, 과학자 아인슈타인, 골프 선수 타이거 우즈 등 천재로 알려진 인물들을 분석한 보고서를 내놓았습니다. 이 보고서에서 과학자들은 천재가 1퍼센트의 영감, 70퍼센트의 땀, 29퍼센트의 좋은 가르침과 격려로 만들어진다고 주장했습니다.

위대한 인물들의 지능지수(IQ)는 보통 사람들보다 약간 높은 115~130인 것으로 나타났습니다. 천재들이 반드시 남보다 훨씬 뛰어난 머리를 갖고 태어난 것은 아니라는 사실이 밝혀진 셈이지요. 이러한 지능지수는 전체 인구의 14퍼센트에 해당된다고 합니다. 지능지수로만 보면 100명 중 14명은 천재가 될 조건을 갖추었다는 뜻입니다.

천재들은 에디슨의 말처럼 남보다 더 많은 땀을 흘려 위대한 업적을 남긴 것으로 확인되었습니다. 천재들은 보통 사람들보다 다섯 배가량 더 많은 시간과 노력을 쏟아 부은 것으로 밝혀졌지요. 예컨대 골프 황제인 타이거 우즈는 경기를 하기 전에 맹훈련을 하는 연습 벌레로 유명답니다.

천재 중의 천재로 손꼽히는 모차르트는 네 살 때부터 연주를 시작한 신

동이었습니다. 그의 재능을 일찌감치 발견한 아버지의 열정적인 뒷바라지가 없었더라면 재능을 마음껏 꽃피울 수 있었을까요? 대부분의 천재들은 재능을 발휘할 수 있는 좋은 환경에서 자란 것으로 밝혀졌습니다. 물론 훌륭한 스승의 가르침을 받았고요.

결론적으로, 천재는 태어나는 것이 아니라 만들어진다는 것입니다. 천재들이란 타고난 지능이 남달리 뛰어나지 않았음에도 불구하고 좋은 스승으로부터 교육을 받으면서 피나는 노력을 한 사람들이라는 뜻이지요.

어린이 여러분!

여러분들도 노력을 하면 얼마든지 에디슨처럼 훌륭한 발명가가 될 수 있습니다. 좋은 선생님의 가르침을 받아야 할 테지만요. 따라서 학교에서는 선생님의 말씀을 열심히 귀담아 들어야 하고, 집에서는 '또 하나의 스승'인 좋은 책을 열심히 읽어야 합니다.

발명가를 꿈꾸는 어린이 여러분에게 〈깜짝! 아이디어〉

시리즈는 '또 하나의 스승'으로 안성맞춤입니다.

첫째, 열두 권에 소개된 내용들이 다양하고 일상 생활과 밀접하게 관련된 것들이어서 재미있고 유익합니다. 무엇보다 첨단 기술들이 많이 포함되어 있어 눈길을 끕니다.

인류의 조상들이 만든 50종의 기술(1~5권)을 소개하고, 이어서 반도체, 로켓, 로봇, 인터넷 등 미래 기술 20종(6~7권)이 나옵니다. 항공 우주 기술 10종(8권)과 바다 속 발명 10종(9권)도 소개되어 있고요. 사람의 생명을 지키는 의학 발명 10종(10권)과 함께 사람의 생명을 앗아 가는 전쟁 무기 10종(11권)도 나와 있어 흥미롭군요. 가장 위대한 발명가 10종(12권)도 따로 만나 볼 수 있습니다.

둘째, 〈깜짝! 아이디어〉 시리즈는 재미있는 내용을 여러 형태로 나누어 설명해 놓아서 단순히 지식을 머릿속에 집어넣는 게 아니라 잠깐이나마 발명가가 되는 순간을 맛볼 수 있게 합니다.

먼저 여러분 스스로 해결해야 할 과제가 나와 있고 상상력을 총동원한 갖가지 해결 방안이 소개됩니다. 여러분도 얼마든지 더 좋은 궁리를 해낼 수 있겠지요. 이어서 기술에 대한 깊이 있는 지식을 공부하게 되고 '발명가가 되려면 알아 둬야 할 단어'를 직접 써 보면 참으로 많은 것을 배웠다는 기쁨을 누리게 될 것입니다.

끝으로 가족이나 친구들과 '만들기'를 하고 나면 인류 문명을 바꿔 놓은 110대 기술을 발명한 것 같은 뿌듯함을 맛보게 될 것입니다.

이제 〈깜짝! 아이디어〉 시리즈를 통해 여러분은 신비스러운 발명의 세계를 마음껏 엿볼 수 있게 되었습니다. 에디슨처럼 땀을 흘려 노력하면 여러분 모두 꿈을 이룰 수 있다는 사실을 잊지 말기 바랍니다.

# 어떤 무기를 사용할 수 있을까?

옛날 사람들은 연장을 무기로 사용했습니다. 맨주먹보다는 굵은 막대기나 몽둥이를 쓰는 게 훨씬 더 나았지요. 전쟁 때 도끼를 쓴다면 더욱 든든했고요. 그래서 사람들은 갈수록 더 좋은 무기를 바랐어요. 좋은 재료를 쓴다면 튼튼한 무기를 만들 수 있을 것 같았습니다.

블레드와 부족 사람들은 어려움이 있어요. 사냥을 하러 나가거나 작물을 심으려고만 하면 다른 부족이 따라옵니다. 몽둥이와 도끼를 든 남자들을 우르르 이끌고요. 블레드는 다른 부족 사람들과 마주치면, 멀리 떨어지는 게 좋겠다고 생각했어요. 그래서 블레드네 부족 사람들은 가까운 나무 뒤로 뛰어가 숨곤 했지요.

튼튼한 무기만 있다면 우리 땅을 지킬 수 있을 텐데.

블레드는 사냥터가 가깝고 땅이 기름진, 평화로운 이곳을 찾아온 지 얼마 안 됩니다. 사람들을 이끌고 또 다른 곳을 찾아 떠날 수는 없는 노릇이었지요. 그렇다고 지금 사는 곳만 고집했다가는 모든 것을 잃을 수도 있어요. 목숨까지도 말이에요.

무엇을 했을까?

① 큰 도끼로 무장한 소규모 군대를 쓰면 어떨까? 하지만 돈이 많이 들 것이다.
② 자기 자신을 지킬 수 있도록 한 사람 한 사람에게 곡괭이를 더 주면 어떨까? 음, 그것도 아니라면……
③ 청동 칼을 쓰면 어떨까? 하지만 청동 칼은 날이 짧다. 그래서 도끼를 든 적에게 가까이 다가가야 하는 위험이 따른다.
④ 긴 칼을 만들 수 있다면, 도끼를 든 적과 거리를 두고서도 싸울 수 있을 것이다. 좋은 생각이지만, 칼은 부러지기 쉽다. 청동은 긴 칼날을 만들 만큼 단단하지 않다.

그래, 그거야! 새로 들어 본 금속을 써야겠어. 구리에 주석을 섞은 청동 말이야. 구리에 비소를 섞은 청동보다는 훨씬 단단하다고 하잖아. 내가 특별히 만든 긴 검은 칼날이 엄청 날카로울 거야!

▶ 구리에 주석을 섞은 청동으로 검을 비롯하여 이전보다 훨씬 더 날카롭고 단단한 무기들을 만들어 냈다.

 날카로운 칼날

검은 일대일로 싸울 때 상대방을 베거나 찌르는 데 쓰는 무기이다. 칼날 부분과 '칼자루'라고 하는 손잡이 부분으로 이루어졌다. 모양에 따라서 칼날을 한쪽 또는 양쪽으로 세웠다. 처음에는 검을 청동으로 만들다가, 기원전 1000년까지 철로 만들었다. 철을 가지고 좀 더 단단하고 날카로운 칼을 만들 수 있었다. 검은 모양과 크기가 매우 다양했다. 로마에서는 '글라디우스'라고 하는 단도를 썼다. 길이 55센티미터에 손잡이는 단순하고 실용적이었다. 스코틀랜드에서는 '클레이모어'라고 하는 검을 썼다. 클레이모어는 칼날이 길고 날이 아주 넓은 검으로 두 손으로 쥐고 싸웠다. 페르시아에서는 '샤미르'라고 하는 날이 휜 칼을 썼다. 일본 무사 사무라이가 쓰는 검은 매우 거칠고 날카롭고 날이 휘어 있었다. 손잡이는 장식이 화려했다.

금속

구리와 주석 같은 금속은 세계 어디에든 있다. 그러나 광맥이라고 하는, 길고 얇은 층을 이루고 있으면 캐낼 수 있다.

광맥은 대륙이 서로 충돌하면서 온도가 높은 지구 중심부에 녹아 있는 광물을 밀어내면서 생겨난 것이다. 그러면 가벼운 화강암은 지각으로 다시 솟아올라 둥글둥글한 알갱이 모양의 심성암이 된다. 이런 암석은 땅속에서 아주 천천히 굳어 응고된 것이다. 금속처럼 녹는점이 낮은 물질은 마지막에 굳는다. 그래서 금속은 주변을 둘러싸고 있는 단단한 암석으로 스며들어 차갑게 식으며 광맥으로 굳는 것이다.
이 광맥이 지구 표면에 가까이 밀려 올라오면 캐낼 수 있다. 약 8000년 전 근동 지역에서는, 사람들이 광석을 채굴하는 법을 익혀 금속을 캤을 것으로 짐작하고 있다.

독성이 있는 금속

구리를 캐는 일은 위험하다. 광부들이 유독가스에 노출되기 때문이다. 일꾼들은 금속을 다루기 쉽도록 구리에 독성이 있는 비소를 섞는다. 이때 더 많은 유독가스가 나온다. 로마 신화를 보면, 대장장이 신 불카누스를 병에 찌든 못생긴 모습으로 그리고 있다. 대장간에서 독성이 강한 연기를 마셔서 그렇게 된 거라고 생각했기 때문일 것이다.

발명가가 되려면 알아 둬야 할 **단어!** 생각나는 대로 써 보세요~

검

광맥

응고되다

화강암

▼ 금속은 광맥에서 나온다. 광부는 강력한 드릴로 바위 깊숙이 묻힌 금속을 캔다.

 만들기

페르시아 검 샤미르 만들기

준비물 : 매직펜, 두꺼운 판지, 칼이나 가위, 접착제, 끈, 양면테이프, 커다란 플라스틱 우유 통(손잡이가 있는 우유 통), 스테이플러, 물감과 붓

1. 두꺼운 판지에 검을 그린다. 또는 도화지를 여러 장 겹쳐 접착제로 붙여서 그려도 된다. 그린 모양대로 자른다.

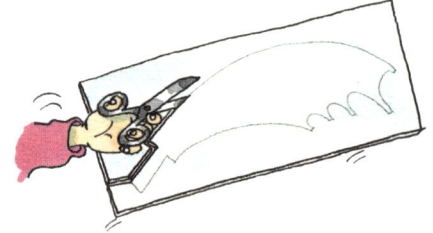

2. 칼자루가 튼튼하게 판지에 종이를 덧붙인다. 손잡이를 둥그스름하게 굴린다.

3. 손잡이를 양면테이프로 친친 감는다. 그 위를 다시 끈으로 감는다.

4. 우유 통의 윗부분을 잘라 낸다. 우유 통에 있는 구멍 쪽에 손잡이를 끼워 맞춘다. 판지를 잘라 맨 끝에 붙인다. 스테이플러로 찍을 수도 있다.

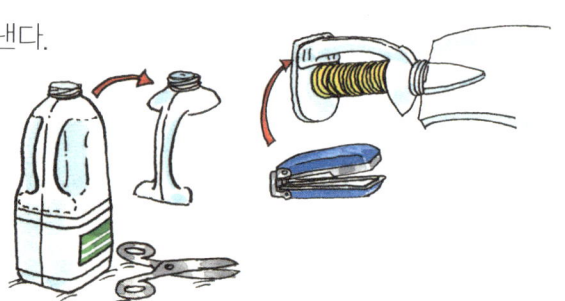

5 이제 나만의 검을 멋지게 꾸민다.

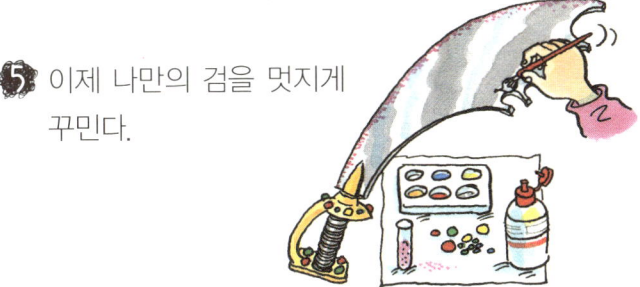

다른 나라 칼도 멋지게 만들어 보세요!

활과 탄성률

어떻게 하면 더 좋은 활을 만들 수 있을까?

군인들은 몇 세기 동안을 전쟁터에서 활과 화살을 쏘았습니다. 하지만 쇠고리를 엮어 만든 쇠사슬 갑옷이 나오자, 화살을 쏜다 한들 아무런 소용이 없었어요. 화살을 쏘려고 줄 맞춰 설수록 화살에 맞을 확률 또한 높아졌지요.

에드윈은 여러 해 동안 병사로 싸우고 있습니다. 늘 이 전쟁터에서 저 전쟁터로 싸우러 다니지요. 대부분 웨일스나 스코틀랜드 사람들에 맞서 싸웁니다.
에드윈은 몸집도 크고 힘도 세서 일대일로 맞붙는 싸움도 두렵지 않아요. 커다란 몽둥이도 있고 날이 잘 선 검도 있지요. 하지만 에드윈이 가장 좋아하는 무기는 활입니다.

그런데 문제가 있습니다. 화살을 잘 맞히려고 적진 가까이 가면, 그만큼 에드윈도 적의 화살에 맞을 위험이 따랐어요. 갑옷을 입은 기사 앞에서는 화살이 맥도 못 춘다는 게 더 큰 문제였지요.

무엇을 했을까?

① 에드윈이 병사를 그만두고 수도사가 된다면 더는 싸울 필요가 없다. 하지만 에드윈은 병사로서 살고 싶다.
② 쇠사슬 갑옷도 뚫을 수 있는 석궁을 써 보면 어떨까? 하지만 한 번 쏜 다음 다시 쏘기까지 시간이 너무 오래 걸린다. 부드러운 흙이나 진흙에서 싸운다면 석궁을 쏠 수도 없다.
③ 발사 준비를 빨리할 수 있는 석궁을 만들면 어떨까? 하지만 빨리 쏠 수 있다고 해도 여전히 느리다. 단순한 활이 더 빠르다.
④ 늘 써 오던 단순한 화살로만 가장 빠르게 쏠 수 있다. 뭔가 특별한 것으로 더 크고 가벼운 활을 만들어야 한다. 어떤 재료가 있을까?

나무가 잘 휘면서 튼튼한 게 필요해. 튼튼하고 탄력 좋은 나무로는 주목 나무가 좋을 거야. 주목 나무로 튼튼하고 긴 활을 만들겠어. 그러면 석궁보다 훨씬 많은 화살을 쏠 수 있을 거야. 더 먼 거리에서도 말이야.

▶ 중세 궁수들은 275미터 떨어진 곳에서 화살을 1분에 20발이나 쏠 수 있었다.

 ## 크고 긴 활

군사용 긴 활은 길이가 사람 키만 한 반면, 화살은 사람 키의 절반만 했다. 긴 활은 튼튼한 화살을 멀리까지 쏠 수 있었다. 큰 전쟁이 일어났을 때 굉장히 획기적인 활이었다. 1346년 프랑스 북쪽에서 벌어진 크레시 전투에서 처음으로 그 활이 효력을 발휘했다. 프랑스 군인은 몸이 잘려 나가기도 하고, 기사들은 화살을 맞고 말에서 떨어져도 계속 싸우긴 했지만, 말에서 떨어진 기사는 표적이 되기 쉬웠다. 긴 활은 주로 주목 나무로 만들었지만 종종 느릅나무로 만들기도 했다. 활시위를 당길 때 압력은 45킬로그램에 달했다. 그래서 궁수는 특히 등쪽 근육이 발달해야 했다.

탄성

탄성은 물체가 휘는 정도를 나타내는 말이다. 탄성이 있는 물체, 즉 유연한 물체는 부러지지 않고 휘어진다. 종이나 폴리에틸렌이 탄성이 있는 것이다. 막대기나 쇠에는 탄성이 없다.

우리는 물체의 탄성한계를 측정하기도 한다. 탄성한계란, 탄성이 있는 물체가 본디 모양으로 돌아오기까지 가할 수 있는 최대 힘을 말한다. 탄성한계보다도 힘이 더 가해지면 물체는 영구적으로 휘어지게 된다. 물체는 압력, 즉 힘이 가해지면 휜다. 물체가 휘고 모양이 변하는 정도는 스트레인으로 나타낸다. 그리고 물체가 나타내는 스트레인의 양을 탄성률이라고 한다. 긴 활의 탄성률이 아주 높으면 활은 잘 휘어지지 않는다. 탄성률이 아주 낮으면 활은 심하게 휘어져 힘을 잃을 것이다.

V 표시

손바닥을 안쪽으로 향하게 하고 V자를 만드는 유명한 표시는 긴 활을 쓰던 시대에서 생겨난 것이다. 프랑스 사람들은 영국 궁수를 잡으면 더는 활을 쏘지 못하도록 검지와 중지를 잘랐다. 그래서 영국 궁수들은 프랑스 사람 앞에 V 표시를 만들어 보이며 약을 올리곤 했다. 아직도 활을 쏠 수 있는 멀쩡한 손가락을 보이면서 말이다.

발명가가 되려면 알아 둬야 할 **단어!** 생각나는 대로 써 보세요~

긴 활

압력

탄성

탄성률

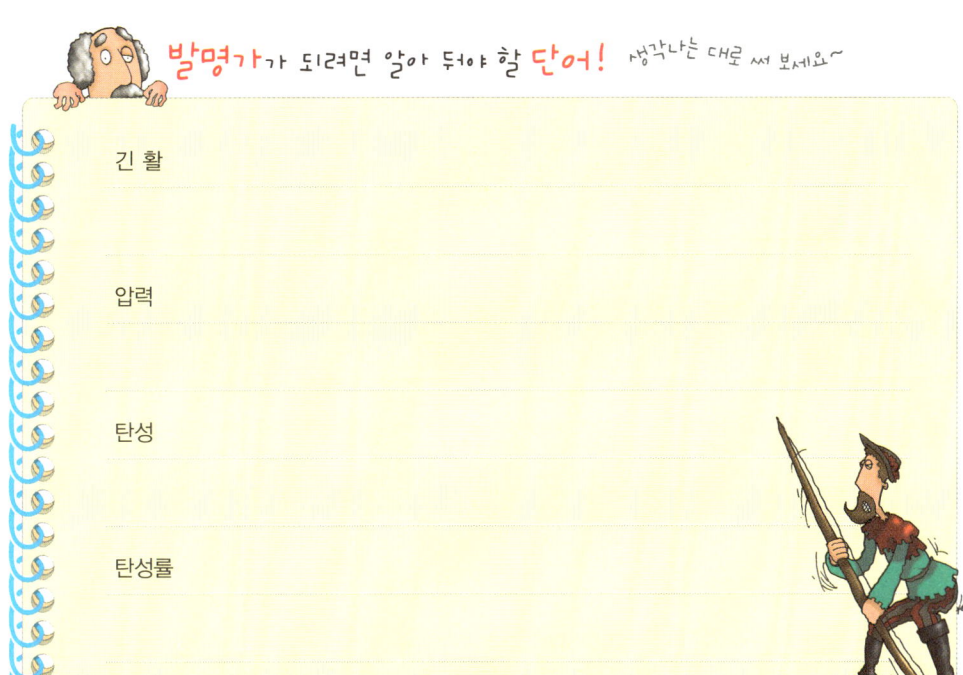

▼ 오늘날 활은 탄성률이 아주 높다.
그래서 화살을 770미터까지
쏠 수 있다.

만들기

활과 화살 만들기

준비물 : 칼과 가위, 1미터 정도 되는 대나무 여러 개, 양면테이프, 끈, 흰 도화지, 스테이플러, 작고 가는 대나무 줄기 여러 개, 접착제, 깃털, 물감과 붓

1 대나무 끝을 두 갈래로 칼집을 낸다. 그 부분을 테이프로 붙인 다음, 그 주위를 다시 끈으로 친친 감는다.

2 줄기를 대나무보다 짧게 자른다. 양 끝을 고리로 만들어 묶는다. 대나무 끝 칼집을 낸 곳에 줄기의 고리를 걸어 묶는다.

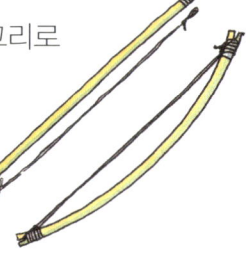

3 활의 가운데 부분을 테이프로 돌돌 만다. 그 부분에 다시 끈을 감아 손잡이 부분으로 만든다.

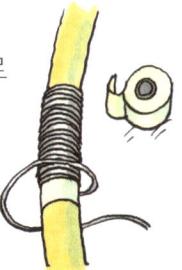

4 판지에 화살촉을 그려 모양대로 오린다. 화살촉을 짧은 대나무 끝에 붙인다. 스테이플러로 찍거나 접착제로 붙인다. 화살촉 바로 밑 부분을 끈으로 감는다.

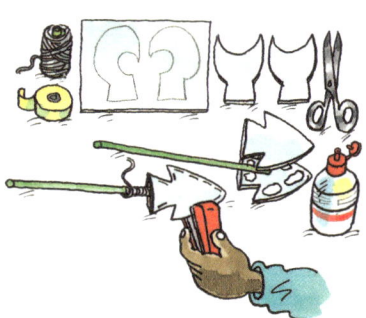

5 화살 끝에 깃털을 붙인다. 테이프나 끈으로 붙이도록 한다. 활줄에 딱 맞도록 화살마다 끝에 칼집을 낸다. 화살에 색을 칠하여 꾸민다.

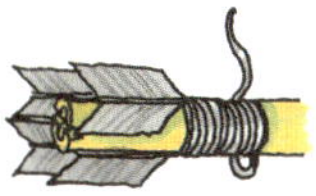

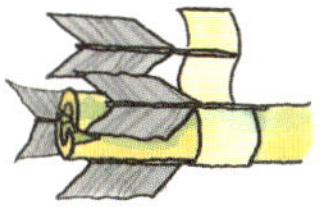

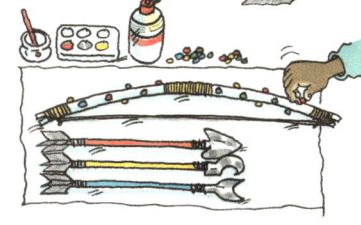

 화살을 꽂을 화살통도 만들어 보세요!

어떻게 하면 전쟁터에서 몸을 보호할 수 있을까?

대지주들은 갈수록 서로 심하게 싸웠어요.
무기를 만드는 사람들은 무기를 더욱 날카롭고 정교하게
만들었지요. 그러자 이제 기사들은 쇠사슬 갑옷으로는
더 이상 몸을 보호할 수 없게 되었습니다.
기사들은 말을 타고 있을 때 특히 위험했지요.

폼프리트 기사는 바론 피처버트를 주인으로 섬기고 있습니다.
전쟁에 나가면 용감한 병사 50명을 이끌지요. 그런데 폼프리트
기사는 자신을 더 안전하게 보호하고 싶었어요.
폼프리트 기사가 몸을 보호하기 위해 갖춘 것이라고는 낡은 쇠사슬
갑옷뿐이었거든요. 갑옷에 털실로 짠 튜닉을 덧입었지요.
잘만 겨냥하면 화살이 쇠사슬 갑옷을 뚫고
그 자리에서 기사를 죽일 수 있었어요.

폼프리트 기사는 전쟁터에서 늘 말을 탑니다. 얼마 전에 '덤플링'이라고 부르는 가장 아끼는 말에서 떨어질 뻔했어요. 게다가 쇠사슬 갑옷에서 이음새가 있는 목 부분은 창에 찔릴 뻔했지요. 후유, 가까스로 살았지, 뭐예요?

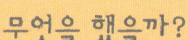

무엇을 했을까?

① 투구에 무서운 얼굴을 그려 색칠하면 어떨까? 덤플링의 머리에도! 그러나 적과 가깝게 있어도 효과가 있을까? 알 수 없다!
② 쇠사슬 갑옷에 철도 섞으면 어떨까? 몹시 어려운 일로 보인다······.
③ 쇠로 위아래 한 벌을 만들면 어떨까? 대장장이가 만들 수 있을 것이다. 그러나 갑옷이 꽤 무거울 것 같다.
④ 강철은 더 가벼울 것이다. 강철로 아랫도리와 윗도리와 투구까지 만들면 좋을 것이다. 그러나 그 쇳덩이를 입고 어떻게 움직일 수 있을까?

알아냈어! 금속 판금이 해답이야! 튼튼한 갑옷 대신, 몸을 본뜬 강철 판금을 만드는 거지. 이음새 부분은 가죽으로 단단히 묶었어. 강철이 잘 보호해 줄 거야. 그런데도 갑옷이 갑갑하지 않아.

▶ 판금 갑옷은 전쟁이나 마상 창 시합에서 기사와 말을 보호해 주었다.

 ## 무거운 갑옷

판금 갑옷은 14세기에 유럽에서 만든 갑옷이다. 작은 쇠고리들을 엮어 만든 쇠사슬 갑옷은 화살에 뚫릴 수도 있고, 철퇴를 맞으면 부서질 수도 있었다. 판금 갑옷은 온몸을 감싸는 커다란 강철 조각으로 이루어졌다. 이 갑옷은 기사들이 입었는데, 기사는 투구와 가슴받이와 쇠로 된 목이 긴 장갑을 끼고 쇠로 만든 신발도 신었다. 기사들이 타는 말도 판금 갑옷을 입혔다. 판금 갑옷은 몸을 보호하기엔 좋았지만 무겁고 덥고 무척 비쌌다. 나중에는 사교계의 행렬이나 경기가 있을 때 갑옷을 멋지게 꾸미기도 했다. 때로는 갑옷에 은이나 금을 새기거나 입혔다. 그러나 판금 갑옷조차도 화약이라는 새로운 무기 앞에서는 힘을 못 썼다. 16세기 말이 되자, 판금 갑옷은 아무 쓸모가 없어졌다.

강철

합금은 한 금속에 적은 양의 다른 금속을 섞은 것이다.
철에 탄소를 조금 섞은 합금이 바로 강철이다.
강철은 철보다 훨씬 단단하고 강하면서 모양을 내기도 쉽다.
스테인리스강이라고 부르는 특별한 강철은 크롬을 섞어서 만든다.
스테인리스는 녹이 슬지 않는다는 뜻이다.

처음에 강철은 무쇠에 열을 가하여 망치로 두드려 만들었다. 무쇠가 열에 잘 녹도록 융제를 섞었는데, 이때 공기가 들어가지 않도록 밀폐된 틀을 사용했다. 그러나 한 번에 얻는 양은 고작 45킬로그램에 불과하여 만드는 데 돈이 많이 드는 셈이었다. 이에 1856년, 헨리 베세머가 새로운 주조법을 알아냈다. 녹인 쇠붙이에 공기를 넣는 방법이다. 이 방법으로 더 좋은 강철을 많이 만들어 낼 수 있었다.

정교한 갑옷

고딕 갑옷은 가장 멋지고 화려한 갑옷으로 손꼽힌다. 독일 서부와 이탈리아 북부에서 만들었다. 크기만 했던 기존 판금 갑옷보다 더 많은 눈길을 끌었다. 모양을 살리고 더 튼튼하도록 홈을 내기도 했다.

발명가가 되려면 알아 둬야 할 단어! 생각나는 대로 써 보세요~

강철

무쇠

합금

◀ 녹은 쇠붙이를 거푸집에 부으면 쇠붙이는 차갑게 식으면서 굳어 모양이 나온다.

 만들기

깃털 장식이 달린 로마 투구 만들기

준비물 : 펠트펜, 커다란 풍선, 신문지 조각, 접착제, 가위, 판지, 끈, 깃털, 양면테이프, 도화지, 가는 철사, 스테이플러, 물감과 붓

1. 풍선에 투구 모양을 그린다. 신문지 조각을 길게 잘라 풍선에 붙인다. 신문지가 다 마르면 풍선을 터뜨린다.

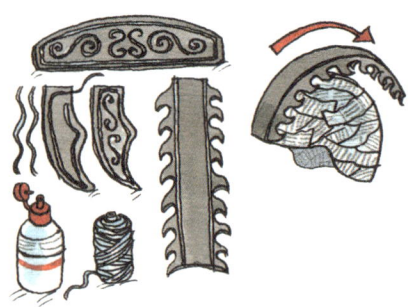

2. 판지로 얼굴을 보호하는 면갑, 귀 보호대, 투구 중앙대를 그려 자른다. 투구에 각 부위를 붙이고 끈으로 장식을 단다.

3. 얇은 도화지에 양면테이프를 붙여 깃털을 달아 돌돌 만다. 밑단을 끈으로 감아 꾸민다.

④ 각 부위를 투구에 붙인다. 귀 보호대에
종이를 돌돌 말아 붙인다. 투구 두 귀
쪽에 구멍을 뚫는다. 귀 보호대에 붙인
종이 구멍에 철사를 끼워 양쪽 투구에 연결한다.
철사는 투구 안쪽에서 감는다. 면갑은
스테이플러로 찍는다.

⑤ 깃털을 투구 꼭대기에 달아
멋지게 꾸민다.

 투구와 어울리는 칼이나
갑옷도 만들어 보세요!

총과 회전운동

어떻게 하면 정확하게 쏠 수 있을까?

화약은 포탄을 쏠 때 쓰는 것입니다. 성벽을 쉽게 무너뜨릴 수 있지요. 병사들이 가지고 다닐 수 있는 작은 총기는 포탄과 쏘는 방식이 같았지만 정확하게 쏠 수가 없었습니다. 빗맞기 일쑤였어요. 작으면서도 정확히 쏠 수 있는 무기가 있다면 얼마나 좋을까요?

이제 전쟁에서 화약을 씁니다. 자그마한 총기도 쓰지요. 둥근 총알은 갑옷도 뚫을 수 있어요. 나팔총은 총알을 한 움큼이나 쏘아 댈 수 있어요. 그 가운데에 몇 발은 목표물을 맞힐 수도 있지요. 머스켓 총도 편리하게 쓸 수 있는 무기예요.

"또 빗맞았네!
총알로 저 새를
맞힐 날이 올까?"

머스켓 총을 쏘는 병사는
적을 겁줄 수 있어요.
백 걸음 이상
떨어져 있지 않다고만
한다면 말입니다.
그 이상 멀어지면 빗맞히기
일쑤예요. 총알은 먼 곳까지
똑바로 날아가지
못하거든요.

 무엇을 했을까?

① 총신이 길면 총알은 더 멀리 똑바로 날아갈 수 있다.
   하지만 겨냥하고 쏘려면 불편하다.
② 화살에 깃털을 달듯이, 총알에도 뭔가를 달면
   어떨까? 그러면 총이 발사되면서 총알에 달린
   것부터 날려 버리겠지!
③ 총알과 총신을 매끄럽게 하면 어떨까? 총알이
   멀리 날아갈 리 없다. 오히려 결과는 반대가 될
   것이다.
④ 총알을 나선형으로 만들면 어떨까? 나선형을 한
   물체는 똑바로 날아갈 수 있다.

아하! 총알이 나선형으로 돌게 하면 되겠구나! 그러자면 총구를 바꿔야겠어. 총구 안에 나선형 홈을 파야지. 그러면 총알이 나갈 때 홈을 따라 돌면서 똑바로 날아가게 될 거야.

▶ 라이플총은 머스켓 총보다 훨씬 더 정확하게 맞혔다. 그러기 위해서 총신은 더욱 길어야 했다. 어떤 총은 길이가 무려 1.8미터나 되었다.

나선형 홈

라이플총은 총기 가운데 하나이다. 총신이나 총구 안쪽에 강선이 파여 있다. 강선은 뒤쪽에서 앞쪽까지 나선형으로 빙글빙글 파인 홈이다. 총알이 나갈 때 이 홈을 따라 돌게 하여, 더 멀리 똑바로 날아가게 한다. 라이플총은 15세기 말에 이탈리아와 독일에서 처음 만든 것으로 알려졌다.
저격용 라이플총은 유럽 중부와 북부에서 사용되었는데, 최고로 정확도가 높은 최초의 라이플총이다. 1665년 무렵에 만들었다. 독일 사람이 이 총을 가지고 미국으로 건너갔다. 이에 미국에서도 이를 변형하여 만들게 되었는데, 총구를 더 길게 하여 정확도를 높였다. 이 총은 켄터키 라이플총으로 알려졌고, 이로부터 많은 라이플총이 현대적으로 발전했다.

회전 효과

팽이는 돌 때 맨 위에서 맨 밑까지 일직선으로 관통하는 보이지 않는 축을 중심으로 돈다. 한번 돌기 시작하면 움직이는 모양은 바뀌지 않는다. 회전하는 물체는 모두 이러한 성질을 띤다. 이것을 회전운동의 관성이라고 한다. 이러한 성질로 지구는 태양 주위를 돌면서도, 축을 중심으로 회전하며 똑같은 모양을 한다. 중심축의 북쪽 끝은 언제나 북극성을 가리키고 있다.

자이로스코프는 회전운동의 관성으로 움직이는 기계이다. 회전 바퀴와 중심축이 짐볼이라고 하는 지지대에 연결돼 있다. 지지대가 어느 방향으로 움직여도, 회전 바퀴는 같은 모양으로 움직인다. 이러한 성질은 항해용 회전 나침반에서도 볼 수 있다. 회전 나침반은 배가 어느 방향으로 나아가든, 언제나 북쪽을 가리킨다. 강선 총기는 총알이 축을 중심으로 돌게 한다. 회전운동의 관성에 따라, 총알은 돌면서도 방향이 바뀌지 않고 똑바로 나아간다.

빨리 총을 쏘려면

최초의 라이플총과는 달리, 현대 총기들은 짧고 가볍다. 그래서 무기를 빠른 시간에 옮길 수 있고 더욱 빠르게 쏠 수 있다. 오늘날 군인이 쏘는 라이플총은 방아쇠를 당기면 총알이 하나만 나가기도 하고, 방아쇠를 계속 당기고 있으면 연속적으로 세 발이 나가기도 한다.

발명가가 되려면 알아 둬야 할 단어! 생각나는 대로 써 보세요~

강선

관성

라이플총

회전운동

▼ 자이로스코프를 타면 무척 재미있다. 하지만 돌렸다가 멈추는 데는 기술자가 다루어야 한다.

# 라이플총과 꽂을대 만들기

준비물 : 30센티미터 길이의 기다란 판지로 만든 둥근 통, 못, 은색 테이프, 선물 포장용 끈, 양면테이프, 끌, 철사, 비즈, 스티로폼, 칼과 가위, 폼폼, 접착제, 막대기, 판지, 물감과 붓

1 어른에게 둥근 통 한쪽 끝에서 2센티미터 떨어진 곳에 못을 박아 달라고 한다. 발사체가 빨려 들어오는 것을 막는다. 통을 은색 테이프와 선물 포장용 끈으로 꾸민다. 손잡이를 만들도록 양면테이프를 두르고 그 위에 끈을 감는다.

2 철사로 파인더를 만들어 총신 앞쪽에 붙인다. 철사에 비즈를 꿰어 네 갈래로 만들어 총신에 단다. 철사를 몇 가닥 더 만든다.

3 총신 크기에 맞게 스티로폼을 잘라 총탄을 만든다. 앞뒤로 폼폼을 붙인다.

4 막대기로 총알을 총신에 밀어 넣는 꽂을대를 만든다. 그림으로 보듯이 끈을 감아 손잡이를 만들고 반대편 끝을 종이로 말아 둔다. 색을 칠한다.

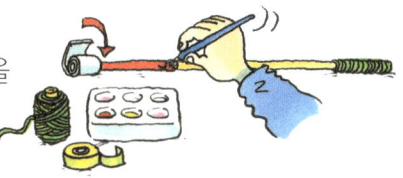

5 라이플총을 장난감 콩알총처럼 사용하도록 한다. 꽂을대로 총알을 총신에 밀어 넣는다.

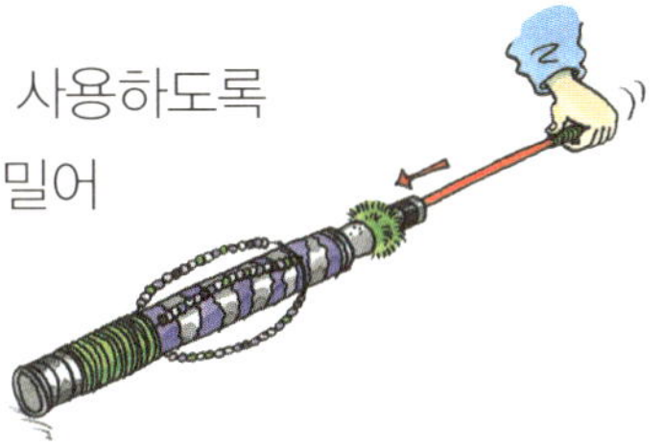

 과녁을 겨냥하고 쏘아 보세요!

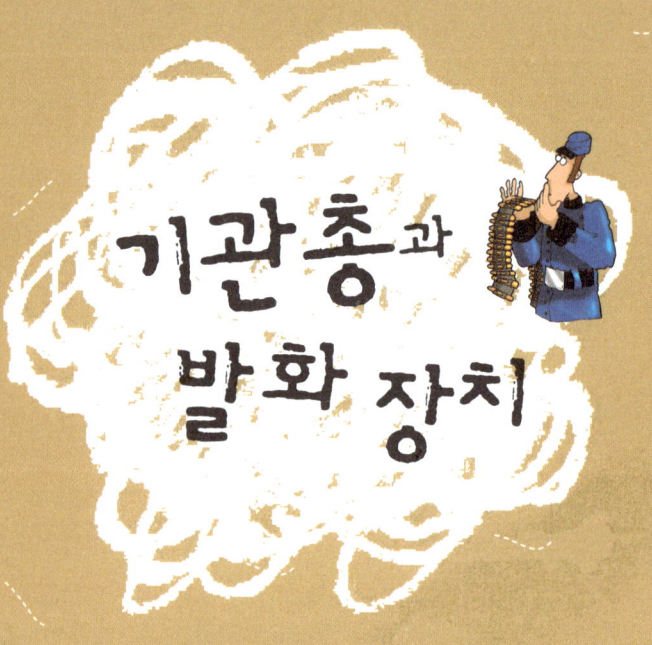

기관총과 발화 장치

어떻게 하면 총을 자동으로 쏠 수 있을까?

보병들은 먼 거리에서 라이플총으로 적군을 쏘았습니다. 라이플총은 다른 총보다 빨리 장전할 수 있기 때문입니다. 그러나 빨리 쏘기 위해서는 방아쇠를 재빨리 당겨야 했습니다. 총을 자동으로 쏠 수 있다면 아주 좋을 것입니다.

하이럼이 알기로, 미국 남북전쟁에서 군인들은 대부분 라이플총을 쏘았습니다. 그러나 군인들은 부대별로 여럿이 움직이며 적에게 가까이 다가가야 했어요. 그래야 목표물을 맞히기 쉽고, 특히 가다가 멈춰 서서 다시 장전할 수 있으니까요.

다시 장전하지 않아도 된다면 군인들은 더 안전할 거예요. 그러면 적에게 총알을 많이 쏠 수도 있겠지요. 장전과 발사, 이 두 가지를 자동으로 할 수 있는 총이 있느냐 하는 게 무엇보다 중요했습니다. 1860년대, 리처드 개틀링이 만든 기관총은 적에게 가까이 다가갈 수 있었어요. 하지만 완전한 자동은 아니었습니다.

저절로 장전이 되어 탄알이 나가는 자동 권총이 필요해!

무엇을 했을까?

① 회전반과 지레를 사용하는 개틀링 기관총의 원리를 더 효율적으로 적용해 보면 어떨까?
② 탄약띠를 빨리 장전하는 방법은 없을까?
③ 레버 액션 장치 없이도, 장전하고 발사하고 탄피를 없애는 과정을 빠르게 할 수 있는 방법은 없을까?
④ 어쩌면 개틀링은 포에서 발화까지 바로 되는 다른 동력 장치를 연구해야 하는지도 몰랐다. 탄약통 자체에서 발화되어 나가도록 말이다.

탄알이 나가면 기체가 팽창하면서 모든 방향에서 힘이 발생해. 앞쪽으로 향하는 힘이 바로 총알을 밀어내지. 뒤로 밀려나는 기체의 힘을 이용해서 다 쓴 탄피를 버리고 새 탄약이 장전되는 방식을 적용해야겠어.

▶ 1883년 하이럼 맥심이 처음으로 기관총을 발명했다. 이 기관총은 화력이 라이플총 80자루와 맞먹었다.

빨리 발사

기관총은 작고 빨리 발사하는 것이 가능한 자동총으로, 탄알이 연속적으로 발사된다. 1914~1918년 제1차 세계 대전 동안 그 무엇도 따라올 수 없는 엄청난 힘을 보여 주었다. 현대 기관총은 1분에 탄약을 400발에서 1,600발까지 발사할 수 있다. 기관총의 포신은 구경이 22구경부터 20밀리미터까지 있다. 탄약은 천이나 금속으로 된 띠 혹은 탄창이라고 하는 탄약통에 재어 둔다. 자동 기관총은 발사 속도가 너무 빨라서 총이 아주 뜨거워진다. 그래서 물이나 공기를 이용하여 식혀야 한다. 기관총은 너무 무거워서 받침대에 설치해야 하는 큰 기관총을 빼고는, 들고 다닐 수 있을 만큼 가볍다.

뜨거운 기체

화약 같은 물질을 발화시키면, 화약은 아주 빠르게 타면서 기체를 뜨겁게 하여 팽창시킨다. 기체가 순식간에 팽창하게 되면 엄청난 에너지를 내뿜으며 펑 하는 소리와 함께 폭발한다.

기체가 좁은 공간에 갇히면 팽창할 수 없어 엄청난 압력을 받게 된다. 압력은 모든 방향으로 똑같이 가해진다. 총신처럼 한쪽 끝이 열린 공간에서 폭발이 일어나면, 압력은 총알을 총신 밖으로 빠르게 밀어내게 된다. 총알은 총구를 벗어나 1초에 900미터 넘게 날아갈 수 있다. 기관총은 총알을 발사하는 것뿐만이 아니라, 장전-발사-탄피 제거까지 한 과정 자체가 빨리 이루어지도록 폭발과 가열된 기체의 팽창을 이용했다. 뒤쪽으로 가해지는 압력은 탄피에 가해져 밖으로 빠져나가게 하여 공이치기 발화 장치를 잡아당긴다. 그러면서 새 탄알을 발화 자리에 옮겨 놓아 다시 장전을 하게 된다.

동시 발화

기관총을 부착한 최초의 비행기에는 큰 문제가 따랐다. 바로 총알이 프로펠러를 맞힌다는 점이었다. 이에 1915년, 네덜란드의 기술자 안토니 포커는 그 해결책으로 싱크로나이즈 기관총을 만들어 회전하는 프로펠러 사이로 총알이 나가게 했다. 이 방법으로 총알은 프로펠러가 아니라 목표물을 맞힐 수 있게 되었다.

발명가가 되려면 알아 둬야 할 단어! 생각나는 대로 써 보세요~

기관총

발화

탄창

팽창

폭발

▼ 탱크 맨 위에 설치한 기관총은 어느 쪽이든 회전할 수 있다.

대나무 기관총 만들기

준비물 : 대나무 가지, 접착제, 고무줄, 철사로 된 옷걸이, 끈, 펜치, 칼, 폼보드, 플라스틱 통, 아이스크림 막대, 물감과 붓

❶ 대나무 가지를 A 모양이 되게 한다. 그림처럼 짧은 가지를 대나무 사이에 놓고 접착제를 발라 고무줄로 묶는다. 옷걸이를 꼬아 고리를 만들어 끈으로 묶는다.

❷ 폼보드에 톱니바퀴를 크게 그려 오린다. 대나무로 만들어 둔 A 모양에 들어맞도록 한다. 톱니바퀴 가운데에 구멍을 내어 대나무를 끼워 접착제로 붙인다. 양쪽 끝은 철사로 손잡이를 만들어 줄과 테이프로 묶어 둔다.

❸ 판지를 A 모양의 대나무 틀에 맞게 자른 후, 가는 철사로 고정한다. 그림처럼 대나무를 세로로 붙여 기관총의 다리 부분으로 만든다.

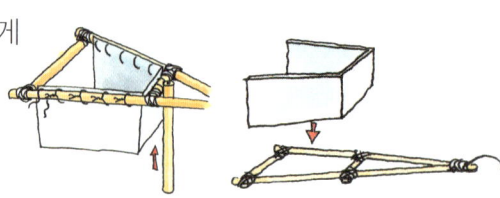

❹ 그림처럼 판지 양쪽을 사선으로 홈을 낸다. 홈에 맞춰 발사 톱니바퀴 장치를 끼워 접착제로 붙인다.

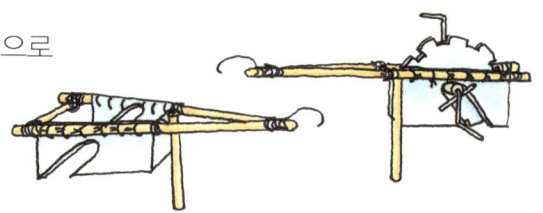

⑤ 플라스틱 통을 아이스크림 나무 막대로 꾸민다. 통을 엎어 놓고 기관총의 다리 부분을 꽂는다. 고무줄을 옷걸이 고리 부분과 톱니에 이어 걸고 톱니장치를 뒤쪽으로 돌려 감는다. 이런 식으로 고무줄 6~8개를 더 걸어 장전한다. 천천히 톱니를 앞으로 돌려 발사!

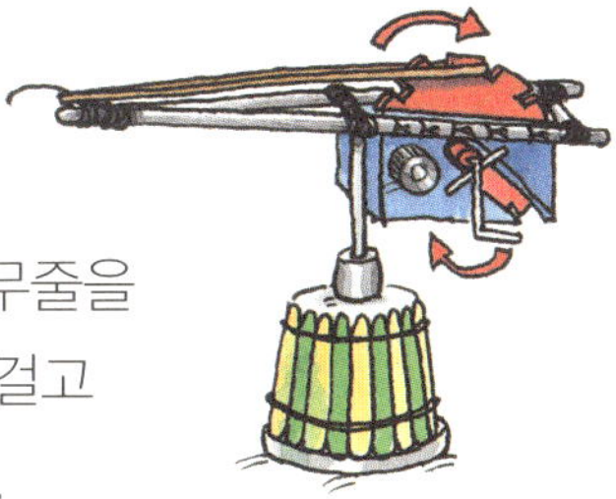

고무줄을 얼마나 멀리 쏠 수 있나요?

어떻게 하면 대폭발을 일으킬 수 있을까?

군인들은 나팔총처럼 손에 들고 다니는 총포에 화약을 넣고 쏘는 방법을 고안했습니다. 이 새로운 무기는 갑옷도 뚫을 만큼 대단했지만, 적군을 단 한 명씩만 쓰러뜨릴 뿐이었습니다. 더 큰 폭발을 일으킬 수 있다면 적군에게 막대한 피해를 입힐 것입니다.

제스로는 한 발 쏠 때마다 부싯돌을 치듯 발화 총을 장전하느라 애를 먹었어요. 시간도 들고 위험했죠. 장전하는 사이에 누군가가 자신을 쏠 수 있으니까요! 때때로 적군에게 화약통을 통째로 던져 폭발시키는 게 낫겠다는 생각을 했지요.

어떻게 하면 폭파를 당하지 않으면서 적군을 모조리 쓸어 버릴 수 있을까?

제스로는 화약통을 굉장히 빨리 던져야 했어요. 그렇지 않으면 폭파를 당할 수 있으니까요. 심지가 타 들어가는 것으로 폭발 시간을 끌 수도 있지만, 제스로가 던진 화약통이 날아가다가 심지가 떨어질 수도 있었지요. 뭔가 더 좋은 생각이 떠오르는 듯했습니다.

무엇을 했을까?

① 중국에서는 일찍이 1220년에 폭약을 만들었다. 이 무기에 심지를 달아 적군에게 던졌다.
② 파괴력을 강화하기 위해, 폭약에 화약 말고도 쇳붙이로 가득 채웠다.
③ 1400년 무렵 유럽 군인들은 이와 비슷한 무기를 사용했지만 특별히 믿을 만한 무기는 못 되었다.
④ 1600년대까지 군인들은 훈련을 받을 때 '석류'라는 뜻의 프랑스어에서 따온 '수류탄'을 던졌다. 하지만 도화 장치는 여전히 엉망이어서, 폭탄이 터지지 않을 때가 많았다!

그래, 그거야! 심지 대신에 시간을 조절하도록 핀을 이용하는 거지. 핀을 잡아당기면 시간 조절 장치가 작동해서 수류탄을 던지고 몇 초 지나서 폭발하는 거야. 자, 간다!

▶ 오늘날 보병대는 대부분 여분으로 수류탄을 지니고 있다.

 ## 작은 폭탄

수류탄은 작고 속이 빈 폭발 무기이다. 적에게 던지거나 특정한 총으로 쏘아 터뜨린다. 수류탄에는 여러 종류가 있다. 파쇄 수류탄은 안에 금이 새겨진 강철판이 있다. 수류탄이 폭발하면서 이 강철판이 산산이 부서진다. 화학수류탄은 수류탄 안이 가스 또는 하얀 인광체로 가득하다. 인광체는 순식간에 타면서 자욱한 연기를 낸다. 빛을 내는 수류탄은 어두울 때나 밤에, 적군의 위치를 볼 수 있게 밝혀 주어, 목표물을 쉽게 볼 수 있다. 손바닥 크기만 한 로켓 장치로 폭발하는 수류탄도 있다.

폭파

파쇄는 작은 조각으로 산산이 부순다는 뜻이다. 무기류에서는 목표물을 맞혀 부수는 폭탄이나 포탄을 일컫는다. 부대를 폭파하거나 트럭 같은 차량과 항공기를 폭파할 때 사용된다.

파쇄 폭탄은 몸체가 묵직한 금속으로 되어 있다. 폭탄이 터지면 이 몸체가 산산이 부서진다. 폭탄 안에 뾰족한 금속 막대를 넣어 충격을 크게 한 것도 있다. 대포로 쏘는 파쇄 포탄은 발사되기 전에 시간을 두는 특별한 심지가 있다. 이 심지는 포탄이 적군의 머리 위에서 터지도록 시간을 두었다가 터진다. 집속 폭탄은 파쇄형 무기를 응용한 것이다. 폭탄 안에 작은 폭탄이 수백 발 들어 있다. 이 폭탄을 떨어뜨리면 안에 있던 작은 폭탄들이 산산이 흩어진다.

수류탄 칵테일

제2차 세계 대전이 일어나던 1939~1945년, 핀란드 군인들은 러시아 군인들에게 던질 일반 폭탄을 구하지 못했다. 그래서 이들은 휘발유처럼 불이 붙는 액체를 유리병에 넣고 천으로 심지를 삼아 직접 폭탄을 만들었다. 이 무기는 핀란드 군인이 싫어했던 러시아의 외무 장관 몰로토프 이름을 따서 '몰로토프 칵테일(화염병)'이라고 불렀다.

발명가가 되려면 알아 둬야 할 단어! 생각나는 대로 써 보세요~

수류탄

수류탄 칵테일

집속 폭탄

파쇄 폭탄

▼ 집속 폭탄은 이따금 민간 지역에 떨어지는 때도 있어 그다지 많이 터뜨리지는 않는다.

만들기

수류탄 연필꽂이 만들기

준비물 : 종이, 둥근 통, 양면테이프, 판지, 화장지, 접착제, 플라스틱 병뚜껑, 못과 망치, 가는 철사, 나무 막대, 둥근 플라스틱 통, 물감과 붓

❶ 둥근 통을 종이로 감싸고 테이프로 붙인다. 종이를 잘라 그림처럼 통 가운데에 덧붙인다.

❷ 화장지를 둥글게 뭉쳐 둥근 통 둘레에 붙인다. 통의 중간에는 화장지를 더 크게 뭉쳐 붙인다. 다 붙이면 마를 때까지 기다린다.

❸ 플라스틱 통의 뚜껑 쪽을 자른다. 뚜껑 쪽이 통에 잘 맞도록 대어 본다. 어른에게 병뚜껑과 통의 목 부분에 구멍을 뚫어 달라고 한다. 뚜껑과 병의 목 부분을 그림처럼 철사로 잇는다.

❹ 뚜껑 앞쪽에 3번처럼 구멍을 뚫는다. 이번엔 철사 대신 구멍에 고리를 4개 만든다.

5. 고리에 막대기를 끼우고, 한쪽 끝에 원 모양의 고리를 단다. 이 고리를 잡아당기면 수류탄이 터진다. 수류탄을 멋지게 꾸민다.

! 붓이나 연필을 꽂아 책상에 놓아 보세요!

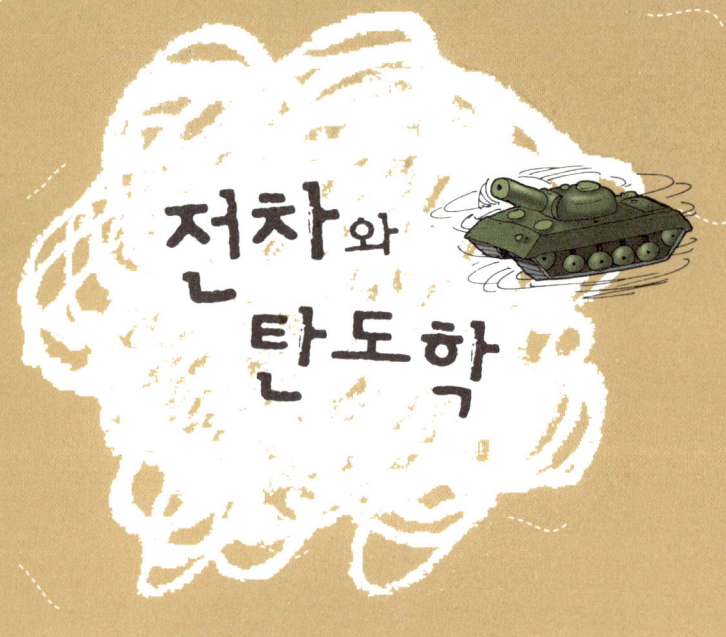

 # 어떻게 하면 무거운 무기를 옮길 수 있을까?

제1차 세계 대전 때까지, 대포 같은 큰 무기는 수레에 실어 말이 끌고 갔습니다. 말이 수레를 잘 못 끄는 날에는 수레가 진흙탕에 빠지기도 했지요.

1912년, 오스트레일리아의 기술자 랜슬롯 드 모울은 전투용 무한궤도차량에 대한 계획을 국방성에 보냈습니다. 이는 군대에서 만들려고 했던 '육상 선박'과 비슷했지요. 하지만 국방성은 이 계획을 받아들이지 않았습니다.

1914년, 서부전선에서 꼼짝 못하게 되었을 때입니다. 보병대는 적군의 기관총에 쓰러져 가고 있었지요. 군대는 적진을 향해 나아가는 데 폭발에도 끄떡없고 대포로 무장한 차량이 필요했어요.

무거운 무기도 싣고 거친 땅도 쉽게 지나갈 수 있는 튼튼한 차량이 필요해.

무엇을 했을까?

① 어니스트 스윈튼 대령은 뒤에 대포를 끌어 사용하던 홀트 캐터필러 트랙터를 변형해 볼 것을 제안했다. 하지만 이 제안은 받아들여지지 않았다.
② 머리 사우터 대위는 벨기에에서 사용하던 전차를 개조하면 성공할지도 모르겠다고 생각했다.
③ 해군 본부 위원회 수석 위원 윈스턴 처칠은 육상 선박 위원회를 세웠고, 탱크의 전형을 만들게 되었다.
④ 무한궤도를 더욱 길게 하여 만든 것이 첫 번째 탱크 '리틀 윌리'이다. 하지만 차체 위쪽이 너무 무거웠고, 무한궤도의 길이가 짧아 적군의 참호를 뛰어넘을 수 없었다.

키를 낮추고 무한궤도를 더 늘여서 탱크를 새롭게 만들어야지. 앞바퀴는 뒷바퀴보다 커야 돼. 땅에 닿는 무한궤도는 지름 12미터인 바퀴와 맞먹을 거야. 자, 이제 열심히 만드는 거야!

▶ '어머니(Mother)' 또는 '큰 윌리(Big Willie)'라는 별명이 붙었던 최초의 탱크는 최고 속력이 시속 6킬로미터였다.

전차

탱크는 무한궤도로 달리는 무장한 전투차량이다. 기관총이나 로켓이나 화염방사기와 핵무기 같은 무기도 실어 나를 수 있다. 탱크는 15세기에 레오나르도 다 빈치가 그려 놓은 것이 있었지만, 제1차 세계 대전 때 처음으로 만들었다. 1916년 전투 때, 첫 번째 탱크는 트랙터 엔진을 사용했다. 그러나 조종하고 이동하기가 어려워, 여러 사람이 조종하고 기어를 바꾸어야 했다. 오늘날 탱크는 강력한 디젤엔진을 쓴다. 탱크에는 운전병과 포탄을 쏘는 포병, 포탄을 장전하는 군인과 지휘관, 이렇게 네 명이 탄다. 오늘날 탱크는 엄청난 폭격을 맞아도 견딜 수 있는 지상 전투차량으로 가장 중요하다.

탄도학

탄도학은 대포나 발사 장치로 발사한 총탄, 포탄, 미사일,
또는 다른 물체가 날아가는 움직임을 연구하는 공학의 한 분야이다.
탄도학은 세 분야로 나뉜다.

내부 탄도학은 포신이나 총신 안에서 물체가 움직이는 방식을
다룬다. 물체가 포신이나 총신으로 어떻게 들어가는지, 물체의
무게와 속력이 날아갈 때 어떤 영향이 미치는지 연구하는 것이다.
외부 탄도학은 물체가 포신이나 총신에서 발사되었을 때 어떻게
되는지 다룬다. 중력과 공기, 물체가 움직이는 속력의 결과를
측정한다. 관찰 탄도학은 물체가 목표물을 맞혔을 때 일어나는
현상을 살핀다. 목표물의 특성과
발사된 물체에 따라 어떤 피해가
일어나는지 조사하는 것이다. 피해
양상은 충돌과 폭발부터
생물학적 피해까지
다양하다.

급선회

탱크는 자동차와 조정하는 게 다르다. 자동차가 바퀴를 왼쪽에서 오른쪽으로 돌릴 때,
탱크는 한쪽 무한궤도에 브레이크를 걸고 다른 한쪽은 미끄러지게 한다. 이렇게 하면
탱크는 차체 길이만큼 돌 수 있다.

발명가가 되려면 알아 둬야 할 **단어!** 생각나는 대로 써 보세요~

급선회

무한궤도

탄도학

탱크

▼ 오늘날 대형 탱크는 군대에서 중무장이 가장 잘된 차량이다.

탱크 만들기

준비물 : 가위, 칼, 빈 시리얼 상자, 양면테이프, 두꺼운 도화지, 작은 상자 여러 개, 접착제, 플라스틱 뚜껑, 가는 막대, 다 쓴 볼펜, 펜 뚜껑, 은박지, 골판지, 물감과 붓

1 시리얼 상자 뚜껑에서 한 쪽만 잘라 내고 한 쪽은 상자에 붙인다.

2 종이를 잘라 멋지게 꾸민다. 작은 상자를 탱크 앞뒤로 붙인다.

3 둥글게 자른 도화지에 플라스틱 뚜껑을 붙인다. 가는 막대를 뚜껑에 끼워 포탑을 만든다. 펜 뚜껑을 포신 끝에 끼운다. 포신 맨 위에 은박지를 붙인다.

4 포탑 밑에 가는 막대를 끼워 탱크 몸통 위에 포탑을 세운다. 안테나도 세운다.

5 종이를 잘라 무한궤도 바퀴를 만든다. 바퀴 모양을 덧붙여 꾸민다.

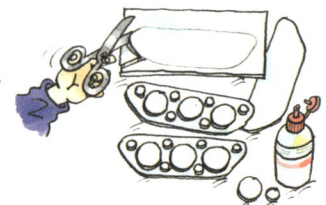

6 골판지를 잘라 무한궤도 벨트를 만들고 바퀴에 붙인다.

7 무한궤도를 탱크 몸체에 붙이고 색을 칠한다.

 탱크가 오른쪽이나 왼쪽으로 방향을 바꿀 때 무한궤도는 어떻게 움직일까요?

어뢰와 운동 법칙

어떻게 하면 배를 가라앉힐 수 있을까?

배가 처음 항해를 시작한 뒤 줄곧 바다에서는 계속해서 싸움이 벌어졌습니다. 16세기부터 해군은 대포를 사용했습니다. 때로는 대포가 줄을 지어 섰지요. 적함 한 대를 가라앉히려면 포탄을 여러 발 쏘아야 했습니다. 바다 속에서 갑자기 들이쳐 맞힐 수 있다면 얼마나 좋을까요?

바다에 떠다니는 폭탄인 어뢰는 적함을 가라앉히는 데 씁니다.
어뢰는 물에서 발사되어 둥둥 떠가기 시작합니다.
운이 좋으면 적함이 어뢰에 부딪힐 겁니다. 그러면 어뢰가 터지면서 배가 가라앉지요. 그러나 이러한 경우는 아주 드물었습니다.

어뢰를 막대기나 충각(옛날에 적의 배를 들이받아 부수기 위해 뱃머리에 단 뾰족한 쇠붙이)에 다는 방법도 있었어요. 하지만 그다지 소용없기는 마찬가지였지요. 오스트레일리아의 해군 장교 지오반니 루피스가 스코틀랜드의 기술자 로버트 화이트헤드에게 설계한 것을 보여 줬어요.

무엇을 했을까?

① 루피스는 어뢰가 자체적으로 앞으로 나아가게 할 방법을 생각해 내야 했다. 어떻게든 어뢰는 스스로 목표물을 찾아가야 한다.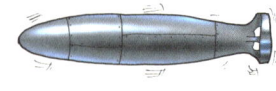
② 그러려면 어뢰 안이나 옆에 엔진이나 추진 장치를 달아야 한다.
③ 유선형이 가장 좋을 것이다. 물의 저항을 적게 받기 때문이다. 그러면 자체 추진 장치는 어뢰 속으로 넣어야 한다.
④ 증기기관은 물속에서 아무 소용이 없을 것이다. 로버트 화이트헤드는 더 좋은 생각이 떠올랐다. 공기 같은 걸 사용하면 어떨까?

그래, 이거야! 압축공기가 해답이야. 압축공기가 든 팩을 어뢰 안에 넣으면 앞으로 쭉 나아가는 힘이 생기지. 맨 끝에 있는 팩이 열리면 공기가 빠져나오면서 밀어내는 만큼 앞으로 나아가게 돼 있거든.

▶ 어뢰를 준비하는 독일의 U보트.

 폭발적인 탄두

어뢰는 적함을 가라앉히는 무기이다. 폭발 부분인 머리와 엔진과 방향타와 추진기 역할을 하는 꼬리 부분으로 구성된다. 핵탄두를 실은 어뢰도 있다. 어뢰는 배에서 발사할 수도 있지만, 잠수함에서 발사하는 게 더욱 효과적일 때가 많다. 어뢰는 물 밑에서 적함을 향해 발사한다. 적함에 가 닿으면, 탄두는 폭발한다. 오늘날 어뢰는 로켓 부스터가 발진시키거나, 목표물을 향해 조종하는 전자 안내장치가 어뢰 안에 달려 있기도 하다. 어뢰는 1867년에 로버트 화이트헤드가 발명했다.

밀어내는 힘

위대한 과학자 뉴턴은 운동 법칙을 연구했다. 뉴턴이 움직임을 결정하는 법칙을 몇 가지 알아내어 우리는 쉽게 이해할 수 있다. 뉴턴의 제삼 법칙은, 모든 작용에는 그와 똑같은 작용이 반대 방향으로 일어난다는 것이다. 로켓이 발사되거나, 목표물을 향해 빠르게 나아가는 초기 어뢰는 이 법칙을 잘 보여 주고 있다.

초기 어뢰는 압축공기를 내장하거나, 평소보다 더 작은 공간에 공기를 한껏 넣어 앞으로 나아가는 힘을 얻었다. 압축되어 굉장한 압력을 받고 있던 공기가 맨 끝에서 구멍이나 입구로 쏜살같이 빠져나오게 된다. 이것이 작용이다.
이와 동시에, 빠져나가는 공기와 똑같은 압력이 생겨 반대 방향으로 밀어낸다. 이 반작용의 힘으로 어뢰는 공기가 뒤에서 빠져나가는 만큼 앞으로 나아가게 되는 것이다.

발사!
로켓도 어뢰와 비슷한 원리로 작용한다. 연료와 산화제가 연소하면서 고압의 기체가 생긴다. 기체가 로켓 하단에서 흘러나오는 작용이 생기고, 이에 대한 반작용으로 로켓은 밀려 올라가게 된다.

발명가가 되려면 알아 둬야 할 **단어!** 생각나는 대로 써 보세요~

로켓

압축공기

어뢰

작용과 반작용

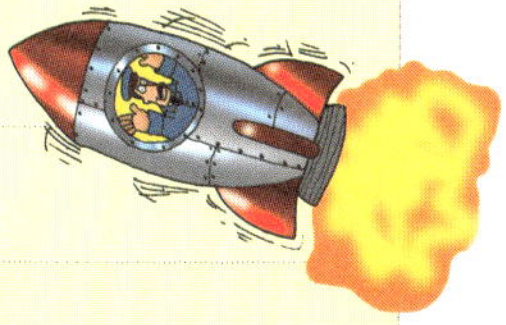

▼ 제2차 세계 대전에서 어뢰가 폭파하면서 끔찍한 피해가 있었다.

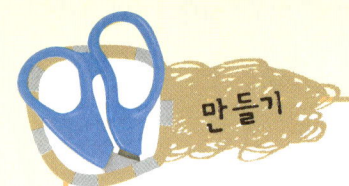

만들기

어뢰 만들기

준비물 : 가위, 칼, 커다란 상자, 도화지, 아세테이트지, 플라스틱 병, 접착제, 자갈, 얇은 종이 관, 스티로폼, 꼬챙이, 셀로판이나 은박지, 튼튼한 철사, 양면테이프, 펜, 폼보드, 물감과 붓

❶ 상자 한쪽 면을 잘라 내고 뚜껑은 위로 올린다. 뒷면에 두꺼운 도화지를 덧대어 뚜껑이 앞으로 넘어 오지 않게 한다. 위에 아세테이트지를 붙여 맨 윗면을 막는다.

❷ 플라스틱 병 윗부분을 비스듬히 잘라 낸다. 상자 안쪽 벽에 붙여 잠수함처럼 보이게 한다. 상자 밑바닥에 접착제를 발라 자갈을 깔고 해저로 꾸민다.

❸ 종이로 된 관을 잘라 어뢰로 쓴다. 스티로폼 끝을 둥글게 다듬어 한쪽 끝에 꽂는다. 꼬챙이를 관에 넣어 스티로폼에 꽂는다. 그리고 꼬챙이 끝에 종이로 만든 프로펠러를 단다. 셀로판으로 꼬리 부분을 만든다. 이와 똑같이 어뢰를 하나 더 만든다.

❹ 철사 두 가닥을 상자 밑바닥에서 뚫고 올라오게 한다. 바깥쪽에는 철사에 테이프를 붙인다. 상자 안쪽으로 올라온 철사에 어뢰를 꽂는다.

 그림처럼 폼보드에 배를 그려 오린다. 선체에 구멍을 낸다. 아세테이트지를 길게 잘라서 배가 가라앉게 끼운다. 물살이 튀어 오르는 것처럼 보이게 은박지를 구겨 배 주위에 붙인다. 어뢰를 더 꾸민다.

어뢰가 발사될 때 일어나는
뉴턴의 운동 법칙을 알고 있나요?

유도미사일과 레이더

어떻게 하면 미사일을 조종할 수 있을까?

1800년대 윌리엄 콘그리브가 단순한 로켓엔진 미사일을 발명한 뒤로 군인들은 더 좋은 미사일이 나오기를 간절히 바랐습니다. 제1차 세계 대전에서는 유도장치 없는 미사일이 사용되기도 했지만, 당시에는 단지 군사용 열기구를 쏘아 댈 뿐이었습니다.

제2차 세계 대전 때, 독일은 영국에 폭탄을 떨어뜨려 영국을 무너뜨리려고 했지만 실패했습니다. 독일 폭격기는 계속해서 포탄을 맞고 떨어졌습니다. 폭격기를 보낸 보람이 하나도 없었죠. 이제 어떻게 하면 될까요?

조종사와 항공기를 보호하기 위해서는 유도미사일이 필요해.

독일 지도층은 공격 방식을 좀 더 향상시켜야겠다고 생각했어요. 무인 탑승 기기를 보내는 것이 앞선 방법이라고 생각했지요. 하지만 무엇을 보내죠?

무엇을 했을까?

① 독일 과학자들은 로켓이나 제트엔진 기술을 눈여겨보며 무인 탑승 기기를 만드는 데 좋은 단서를 찾아야 했다.
② 최고 비밀 연구 기지가 발트해에 있는 페네문데 섬에 들어섰다.
③ 과학자들은 제트엔진을 동력으로 하는 V1이라는 조종사 없는 항공기를 만들었다. 여기에 지상 유도장치를 달았다.
④ 독일은 프랑스를 공격한 뒤, V1으로 영국에 폭탄을 떨어뜨렸다. 그러나 V1은 정확도가 많이 떨어져, 영국의 군수품이 조달되는 남쪽 항구에는 떨어뜨리지 못했다.

로켓 추진 방식이 해답이야! 유도장치를 갖춘 로켓은 시속 5,300킬로미터를 날아가지. 한번 발사되면 유도장치가 직접 목표 지점까지 로켓을 이끈다고. 폭발물을 떨어뜨릴 곳으로 말이야.

▶ V2 로켓은 너무 높이 날아가서 목표 지점에 도달했는지 소리로 들을 수가 없었다.

경로 유도

유도미사일은 유도장치에 따라 폭발물을 싣고 목표물까지 가져가는 매개물이다. 땅에서 공중으로, 땅에서 땅으로, 공중에서 공중으로, 공중에서 땅으로 발사될 수 있다. 유도미사일은 가끔 제트엔진도 사용되지만, 로켓엔진을 동력으로 삼는다. 자체 추진 방식의 유도미사일도 있다. 유도미사일은 컴퓨터나 다른 유도장치가 내장되어 있다. 그 외에는 지상에서 조종한다. 조종사는 관제 기관에서 무선 장치로 유도한다. 유도미사일은 대부분 로켓 모양을 하고 있다. 맨 끝에는 방향을 바꾸는 작은 핀이 있다. 가장 큰 유도미사일은 길이가 18미터이고 핵탄두를 나를 수 있다.

레이더

레이더는 물체의 위치를 찾아 준다. 레이더 장치는 전자 파동을 내보낸다. 이 파동은 물체에 반사되어 되돌아온다. 되돌아온 파동은 레이더 수신 화면에 삐 하는 소리를 낸다. 화면에 나타난 지도 윤곽을 보고 물체의 위치를 파악할 수 있다.

아주 좋은 유도미사일은 위상 단열 레이더를 사용한다. 목표 지점까지 미사일을 이끌어 주는 레이더이다. 관제탑에 파동을 주고받는 송신기와 수신기를 두고, 미사일에는 레이더 안테나를 부착한 시스템이다. 레이더가 목표물을 발견하면 컴퓨터가 방향을 짐작하여 언제 미사일을 발사할지 결정한다. 그러면 레이더가 목표 지점과 미사일을 쫓는다. 미사일이 발사되어 나아가면, 레이더는 목표물에서 되돌아오는 파동을 잡아내어 관제탑으로 보낸다. 관제탑과 미사일 자체에서 보낸 데이터는 미사일을 목표물에 더 가까이 안내하여, 발화장치가 탄두를 발사한다.

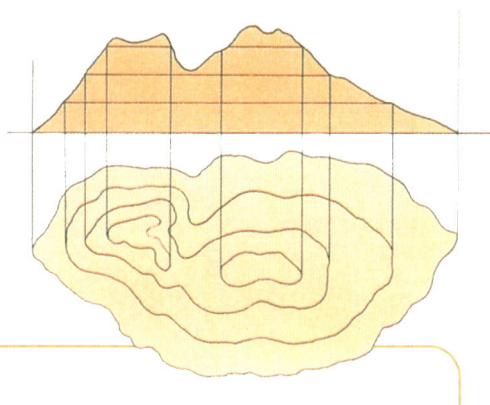

지형 확인 유도장치

유도장치가 설치된 미사일은 길을 찾기 위해 지형 확인 유도장치를 이용한다. 미사일은 일정한 간격으로 표시된 지형의 그림을 받는다. 이것을 이미 내장된 이미지와 비교한다. 서로 일치하지 않으면, 미사일은 길을 바꾸게 된다.

발명가가 되려면 알아 둬야 할 **단어!** 생각나는 대로 써 보세요~

레이더

미사일

유도미사일

지형 확인 유도장치

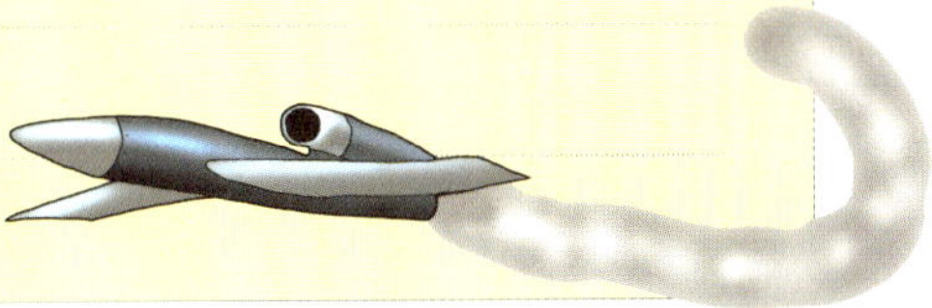

▼ 레이더 조종 미사일은 전투기나 다른 미사일에 대응하는 데 쓰인다.

로켓 발사대 만들기

준비물 : 못과 망치, 30센티미터 길이의 나무, 끈, 고무줄, 판지, 짧은 막대, 빨래집게, 칼과 가위, 작은 종이 상자, 물감과 붓

❶ 어른에게 나무 막대 두 개를 T자로 못을 박아 달라고 한다. 위쪽 막대 양 끝에 고무줄을 단다.

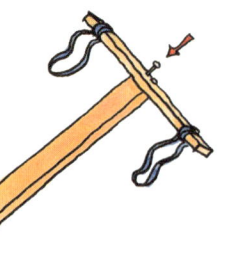

❷ 직사각형 판지 양 끝에 구멍을 뚫는다. 고무줄을 이 구멍에 끼워, 그림처럼 그 사이에 짧은 막대를 끼운다.

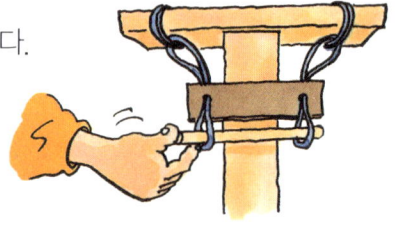

❸ 네모난 판지와 막대기를 발사대와 함께 끈으로 묶는다. 끈을 뒤로 당기고, 더 작은 막대기를 그림처럼 묶는다.

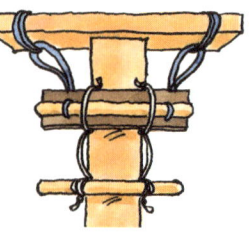

❹ 빨래집게를 발사대 끝에 고무줄로 묶는다. 이 부분은 미사일을 발사대 뒤쪽으로 쭉 잡아당겨 발사시키는 방아쇠이다.

5️⃣ 작은 상자로 미사일을 만든다.
미사일을 멋지게 꾸민다.

 발사대에 미사일을 놓고 쏘아 보세요!

핵폭탄과 핵분열

어떻게 하면 전쟁을 끝낼 수 있을까?

13세기 중국에서 폭탄을 처음으로 만들었습니다. 1845년에는 오스트리아 군대가 폭탄을 기구에 실었지요. 제1차 세계 대전에서는 비행기에서 폭탄을 떨어뜨렸습니다. 제2차 세계 대전 때에는 훨씬 큰 폭탄이 만들어지기까지 했지요. 이제 연합군에서는 더욱 강력한 무언가가 필요하게 되었습니다.

제2차 세계 대전 때, 독일 공군은 폭탄 수천 킬로그램을 유럽 도시 곳곳에 투하했어요. 그 파괴력이란 이루 말할 수 없었지요. 한편, 태평양에서는 일본 공군이 하와이 진주만에 있는 미국 군함에 폭탄을 투하했습니다.

전쟁이 일어난 마지막 해에, 연합 공군은 독일 도시에 폭탄을 퍼붓고 도시를 파괴하는 것으로 되갚아 주었지요. 그러나 태평양에서 전쟁은 계속되었어요. 아마도 최고로 강력한 폭탄이 전쟁을 끝낼 수 있나 봅니다.

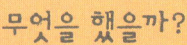

무엇을 했을까?

① 과학자 앨버트 아인슈타인은 미국 정부에 원자 입자를 분열시키면서 에너지를 얻는 무기를 개발하라고 조언했다.

② 과학자들은 방사능이 있는 우라늄을 연구했다. 우라늄은 파괴될 때 에너지가 방출된다. 너무나 위험한 일이었다!

③ 맨해튼 계획을 세웠다. 과학자들은 우라늄 45톤으로 원자로를 만들고 플루토늄을 얻었다.

④ 과학자들은 처음으로 인공 원자 연쇄반응을 만들었다. 원자가 핵을 분열시키는 방식이다. 결과는? 엄청난 폭발을 일으켰다!

폭탄에 우라늄이나 플루토늄을 가득 채우자! 폭탄이 목표물을 맞혀서 일어난 작은 폭발을 시작으로 원자 연쇄반응이 일어날 거야. 폭발의 위력은 지금까지 봤던 그 어떤 폭탄보다도 더욱 강력해.

▶ 첫 번째 핵폭탄으로 일어난 피해는 생각 밖으로 엄청났다.

원자력

핵폭탄은 원자가 분열할 때 일어나는 원자핵분열에서 방출되는 에너지를 이용한 것이다. 원자핵분열에는 단 세 가지 원자가 쓰인다. 우라늄 원자 두 가지와 플루토늄 원자 한 가지이다. 임계질량 정도로 우라늄과 플루토늄의 양이 충분하면, 원자가 차례차례로 분열하는 연쇄 분열을 일으킬 것이다. 이렇게 해서 핵폭발이 일어난다. 원자탄은 일반적인 폭발을 좀 더 활성화한 것이다. 임계질량을 만들기 위해서, 폭탄은 어떤 물질을 더 작은 질량으로 압축시키거나 다른 물질을 향해 발사하여 폭발을 일으키는 방식을 사용했다. 여기서 연쇄반응이 일어나 엄청난 핵폭발이 일어난다. 1945년 최초로 일본에 핵폭탄이 떨어졌다.

원자핵분열

원자핵분열은 원자핵이 분열되면서 일어난다. 우라늄 같은 무거운 방사능원소가 새 원소들로 쪼개지면서 핵에너지를 방출한다. 방사능원소는 단 한 종류의 원자로 이루어진 고체, 액체 또는 기체이다.

원자는 여러 개의 음성 전하를 가진 전자로 이루어져 있는데, 이 전자는 핵 주위를 움직인다. 핵은 양전하를 띠고 있는 양자와 전하가 전혀 없는 중성자로 이루어져 있다. 하나의 중성자 분자가 우라늄이나 플루토늄 원자의 핵을 치게 되면 핵이 분열된다. 그러면 이 물질의 작은 질량이 큰 양의 에너지로 변한다. 분열된 원자는 더 많은 중성자를 방출하고, 분열된 많은 원자는 결국 연쇄반응을 일으킨다. 여기서 생성된 에너지는 전기를 만드는 등 여러 가지로 쓰인다.

원자핵융합

원자핵융합은 원자핵분열과 반대다. 원자핵융합은 원자 두 개가 아주 높은 온도에서 서로 결합하는 것을 말한다. 수소 같은 가벼운 물질은 용해되면서 새로운 물질을 만들고 핵에너지를 방출한다. 수소폭탄은 이러한 용해를 이용하여 엄청난 폭발을 일으킨다.

발명가가 되려면 알아 둬야 할 단어! 생각나는 대로 써 보세요~

우라늄

수소폭탄

원자폭탄

중성자

◀ 원자에너지는 폭탄을 만들 뿐만 아니라 동력 엔진으로 활용할 수 있다. 하지만 아주 조심스럽게 다루지 않으면 여전히 위험하다.

만들기

원자폭탄 모형 만들기

준비물 : 칼, 판지로 길게 만든 통, 양면테이프, 얇은 도화지, 접착제, 플라스틱 통, 스티로폼, 플라스틱 뚜껑, 종이컵, 비즈, 철사, 물감과 붓

❶ 그림처럼 통에 창문을 두 개 낸다. 잘라 낸 조각을 다시 반으로 잘라 얇은 도화지와 테이프로 원래 자리에 붙여 문이 열린 모양으로 만든다.

❷ 핵연료를 실을 수 있도록, 판지를 둥글게 잘라 로켓 안쪽 바닥에 붙인다. 판지를 잘라 로켓 다리를 네 개 만든다. 다리에 테이프를 붙여 로켓 몸통에 잘 붙도록 한다.

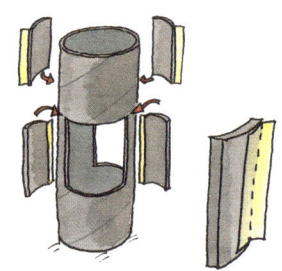

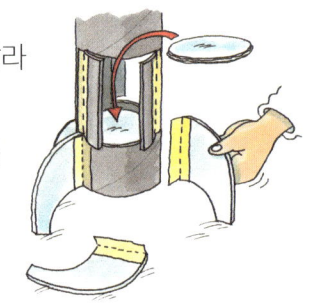

❸ 플라스틱 통 끝부분을 잘라 추진 장치를 만든다. 통 윗부분을 스티로폼 조각에 박아, 로켓 밑바닥에 붙인다.

❹ 작은 날개를 만들어 로켓 윗부분에 붙인다. 고깔 모양을 만들어 종이컵 위에 붙인다.

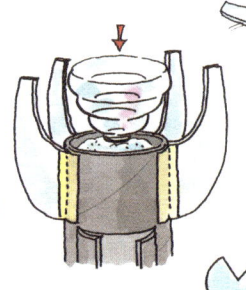

5 철사에 비즈를 꿰어 원자 무리를 만든 다음, 플라스틱 병에 넣는다. 이 병을 로켓 몸통에 끼운다. 고깔을 붙인 종이컵을 제자리에 잘 붙인다.

6 로켓에 색을 칠하고 꾸민다.

원자폭탄이 터지는 원리를 이해할 수 있나요?

용어 사전

ㄱ

강선 총신 안쪽에 나선형 모양으로 판 홈.

강철 철과 탄소를 조금 섞은 합금. 규소, 니켈, 크롬 성분 또한 포함하고 있다.

검 한쪽 또는 양쪽 날이 날카로운 칼. 일대일로 싸울 때 상대방을 베거나 찌르는 데 사용하는 무기.

관찰 탄도학 총알이 목표물을 맞혔을 때 어떤 움직임이 일어나는지 연구하는 탄도학의 한 분야.

광맥 금속이 가득 차 있는 바위틈.

글라디우스 로마 군이 사용했던 단도. 손잡이가 단순하고 실용적이다.

기관총 자동으로 탄알이 연속적으로 나가는 작은 총.

긴 활 주목 나무로 만든 아주 크고 긴 활. 13~14세기에 영국 궁수가 사용했다.

ㄴ

내부 탄도학 포신이나 총신 안에서 총탄이나 포탄이 어떻게 날아가는지 그 모습을 연구하는 탄도학의 한 분야.

용어 사전

ㄹ

라이플총 총기 가운데 하나. 총신이나 총구 안쪽에 강선이 파였다. 뒤쪽에서 앞쪽까지 나선형으로 빙글빙글 홈이 파여 있다. 총알이 나가면서 나선형으로 돌게 한다.

레이더 전파의 파동을 보내는 전자장치. 비행기나 배 같은 물체에서 반사되어 레이더 장치에 되돌아오는 파동이 있는데, 이로써 물체의 위치를 계산할 수 있다.

ㅁ

무한궤도 탱크 양쪽으로 바퀴를 덮고 있는 강철판이 연결된 벨트.

ㅂ

반작용 작용에 의해 주어진 힘과 똑같은 힘이 반대 방향으로 일어나는 현상.

발화하다 불을 붙이다.

ㅅ

샤미르 칼날이 초승달처럼 휜 검.

송신기 안테나에 연결되어 전파 파동을 전송하는 전자장치.

쇠사슬 갑옷 쇠고리들을 엮은 갑옷. 1000~1400년 사이에 사용했다.

수류탄 손으로 던지는 작은 폭탄.

수신기 대기에서 전파 파동이나 신호를 잡아내어 소리나 그림으로 바꾸는 전자장치.

스트레인(응력) 물체가 휘거나 모양이 바뀌는 정도의 양.

심성암 땅속에서 응고된 알갱이 모양의 암석.

ㅇ

압력 모양이 휘거나 바뀌도록 물체에 가하는 힘.

압축 한 데 밀집하도록 누름.

양자 원자의 핵에 있는 아주 작은 부분. 양자에는 양전하가 있다.

어뢰 적함을 가라앉히는 무기. 폭발 부분인 머리와 엔진, 방향타와 추진기 역할을 하는 꼬리 부분으로 이루어져 있다.

용어 사전

연철 무쇠를 계속적으로 가열하고 망치로 때려서 만든 연한 철. 도구나 무기나 나사나 못을 만들 때 쓴다.

외부 탄도학 포신이나 총신에서 발사된 총탄과 포탄이 보이는 양상을 연구하는 탄도학의 한 분야.

우라늄 방사성물질. 무겁고 하얀색을 띠는 원소다.

운동 특정 방향으로 가는 움직임.

원자폭탄 원자가 분열하면서 발생하는 에너지를 이용한 무기.

원자핵분열 원자핵이 분열될 때 엄청난 에너지를 방출한다.

위상 단열 레이더 미사일을 목표 지점으로 안내하는 특별한 레이더.

유도미사일 유도장치에 따라 폭발물을 싣고 목표물까지 나르는 매개물.

융제 금속이 열에 잘 녹도록 돕는 물질.

응고되다 단단하게 굳다.

인광체 인광 물질을 갖고 있는 물체.

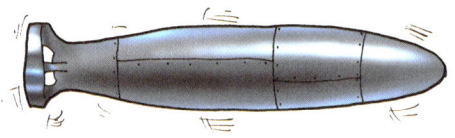

임계질량 분열에 의해 원자 폭발을 일으키는 데 필요한 우라늄 또는 플루토늄의 양.

ㅈ

자이로스코프 회전운동의 관성을 이용한 기계. 회전 바퀴와 중심축이 짐벌이라고 하는 지지대에 연결되어 있다. 짐벌이 아무리 움직여도 회전 바퀴는 같은 방향을 유지한다.

작용 뉴턴의 운동 제3법칙에서, 작용은 특정 방향으로 일어나는 움직임으로 그와 똑같이 반대 방향으로 반작용이 일어난다.

전자 원자의 부분을 이루는 아주 작은 부분. 원자의 핵 주위를 궤도를 따라 움직인다.

중성자 원자핵에 있는 아주 작은 부분. 중성자에는 전하가 없다.

짐벌 자이로스코프에서 바퀴와 중심축을 지지해 준다.

집속 폭탄 쇠구슬을 엇갈리게 짜 만든 무기. 1000~1400년에 사용되었다.

용어 사전

ㅋ

칼자루 검이나 단도의 손잡이.

ㅌ

탄도학 대포나 발사 장치로 발사한 총탄, 포탄, 미사일, 또는 다른 물체들이 날아갈 때 움직임을 연구하는 공학의 한 분야.

탄성 물체가 외부 힘에 의해 휘었다가 본디 모양으로 되돌아가려는 성질.

탄성체 외부 힘에 의해 휘었다가 본디 모양으로 되돌아오는 물체. 유연하거나 쉽게 휘는 물체를 말한다.

탄성한계 탄성이 있는 물체가 본디 모양으로 돌아오기까지 가할 수 있는 최대 힘. 탄성한계보다도 힘이 더 가해지면, 물체는 오랫동안 휘어 있다.

도구와 준비물

이 책에 나오는 거의 모든 준비물은 집 안이나
동네 문방구, 철물점 등에서 구할 수 있는 것들입니다.
책에 나와 있는 것을 구할 수 없다면 비슷한 것으로
만들어도 됩니다.
두 물체를 붙일 때, 대부분은 접착용 본드나 풀로 단단하게
고정할 수 있습니다.
하지만 좀 더 강력한 접착제가 필요한 경우가 있으므로,
이럴 때는 다치거나 옷감이 상하지 않도록
주의하기 바랍니다.

주의하세요

가위나 뾰족한 도구, 철사 또는 공작용 칼을
사용할 때는 특히 조심하세요.